Е. М. Кац

НОВОГОДНЯЯ РАСКРАСКА

Логические и творческие задания для детей 4–6 лет

МЫШЕМАТИКА от Жени Кац

Москва,
издательство МЦНМО, 2014

Раскрась все звёздочки синим, а шарики – красным

Раскрась ёлочку, на которой больше всего игрушек

Найди одинаковые пары варежек

У Ани наклейки, у Вани,

а у Тимура

Кто клеил эту открытку? Обведи!

Аня

Ваня

Тимур

Аня

Ваня

Тимур

Аня

Ваня

Тимур

Аня

Ваня

Тимур

Аня

Ваня

Тимур

Аня

Ваня

Тимур

Помоги Маше починить ёлочные гирлянды

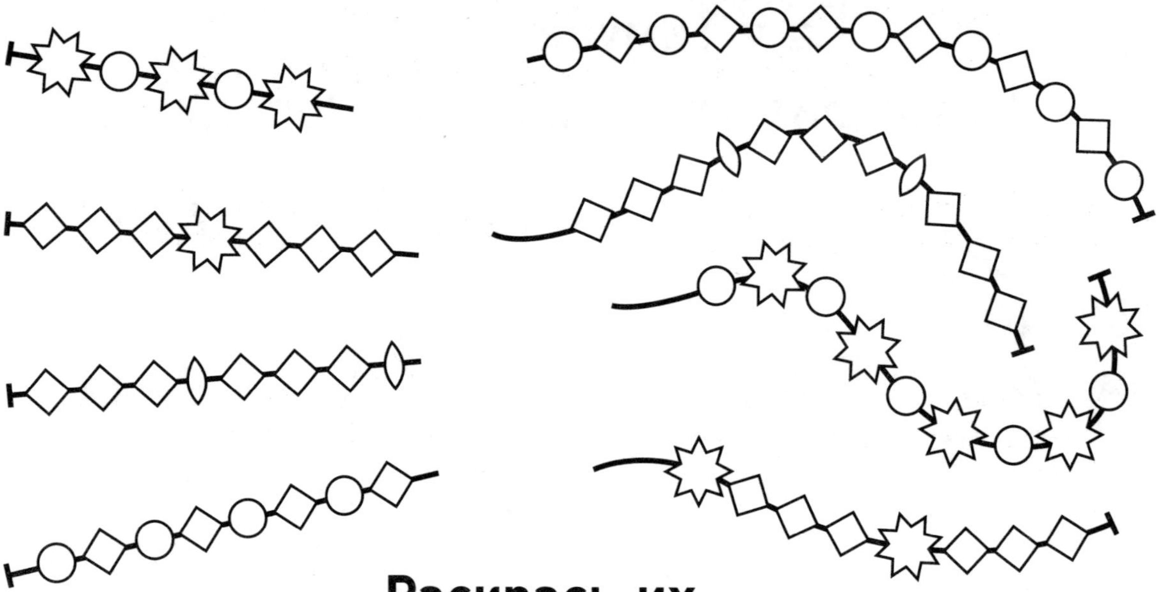

Раскрась их

На каждой тарелке было по 5 конфет. Кто сколько съел?

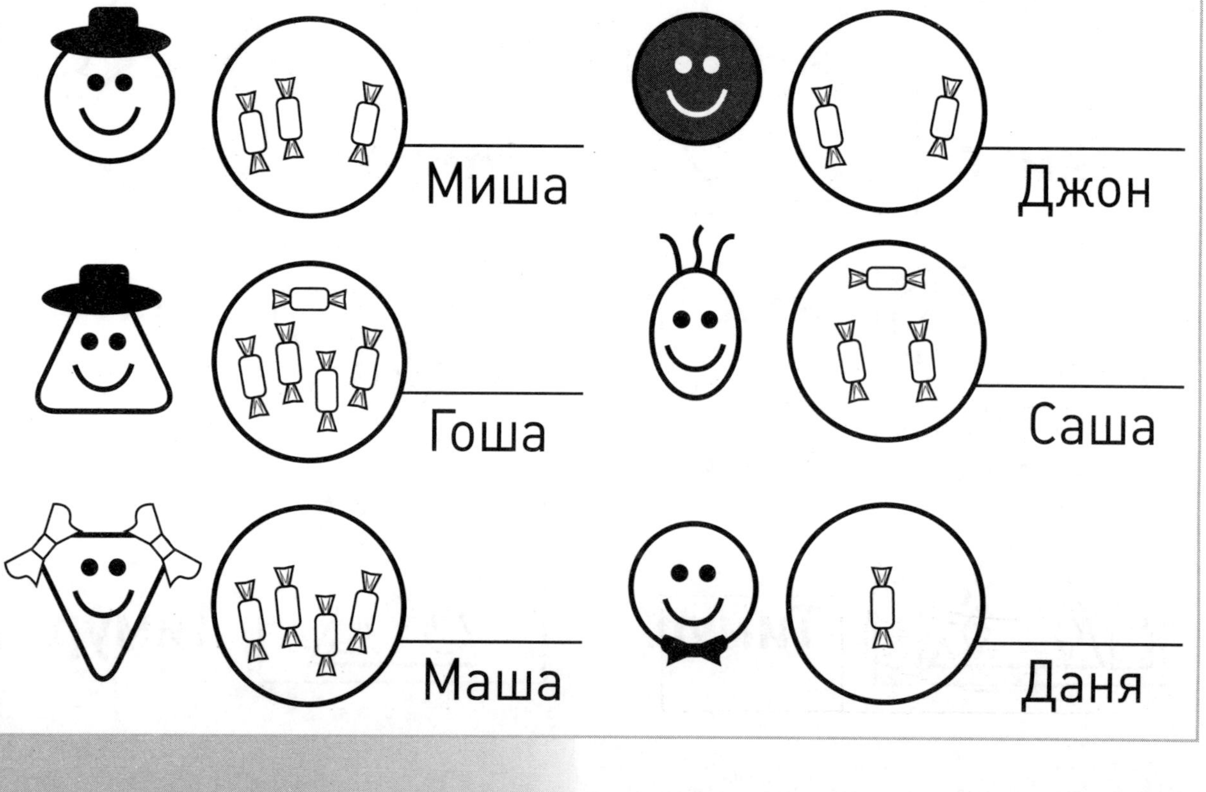

Найди десять отличий

Закрась столько игрушек на полке, сколько указано

Найди одинаковые открытки

Каким набором игрушек нарядили ёлку?

В какие коробки положили одинаковые подарки?

Кто какой подарок найдёт?

Сколько игрушек каждого вида на ёлочке?

	2			
	3			
	0			
	1			

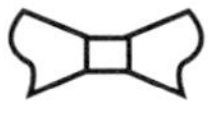				

Помоги Кате, Саше и Жене разделить поровну конфеты в каждой коробке

Кате – красным,
Саше – синим,
Жене – жёлтым

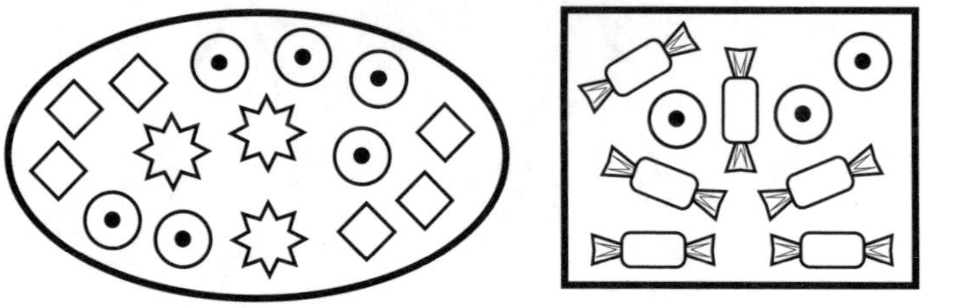

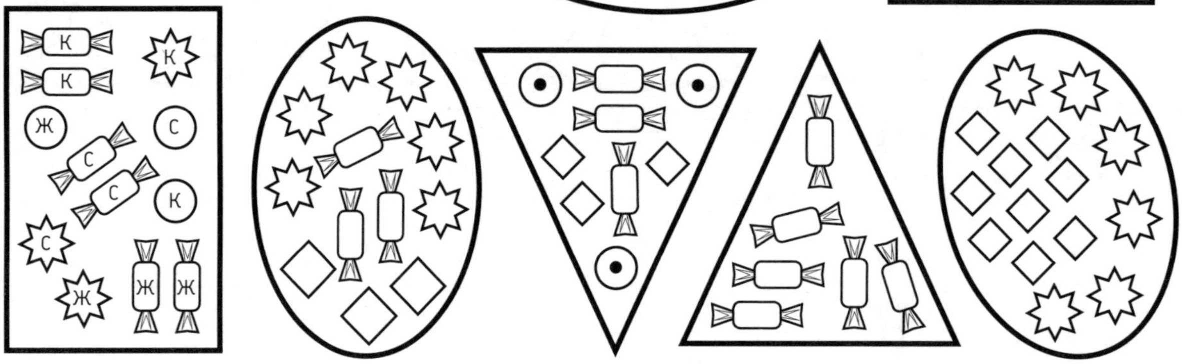

Сделай пары одинаковыми

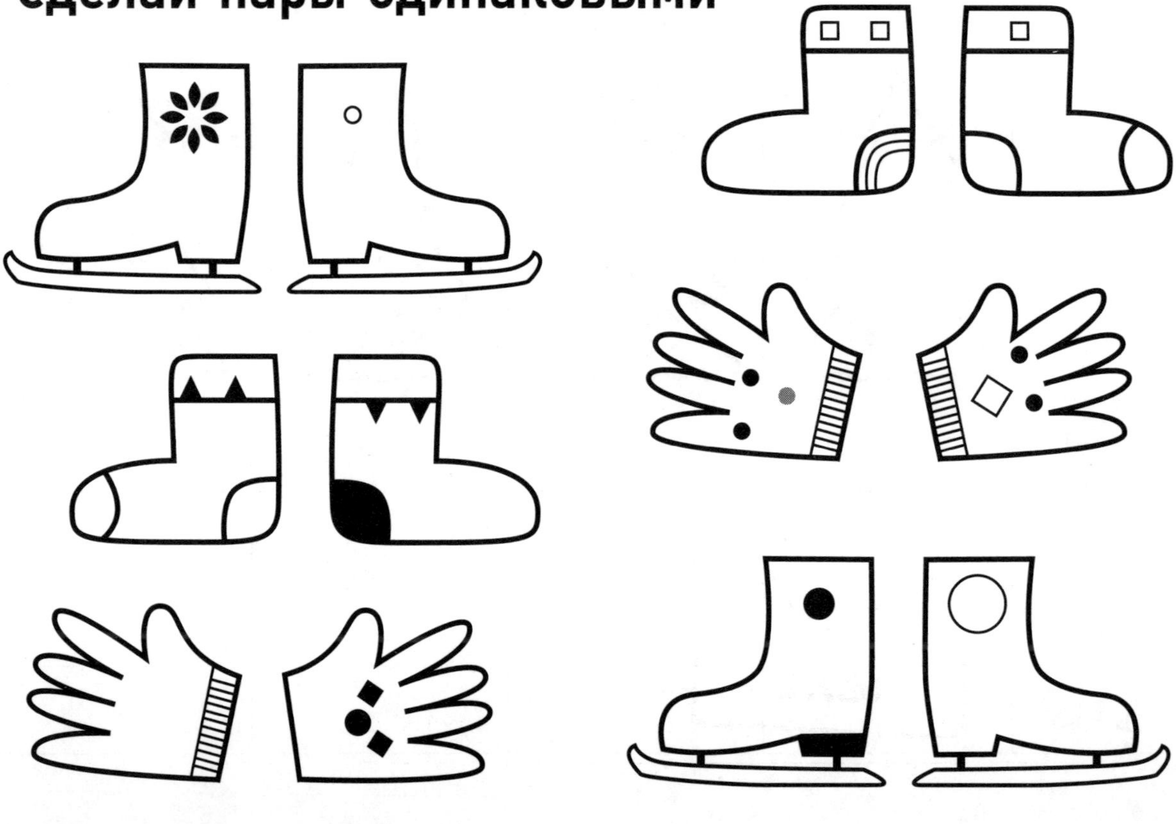

Найди десять отличий

Помоги Даше починить ёлочные гирлянды

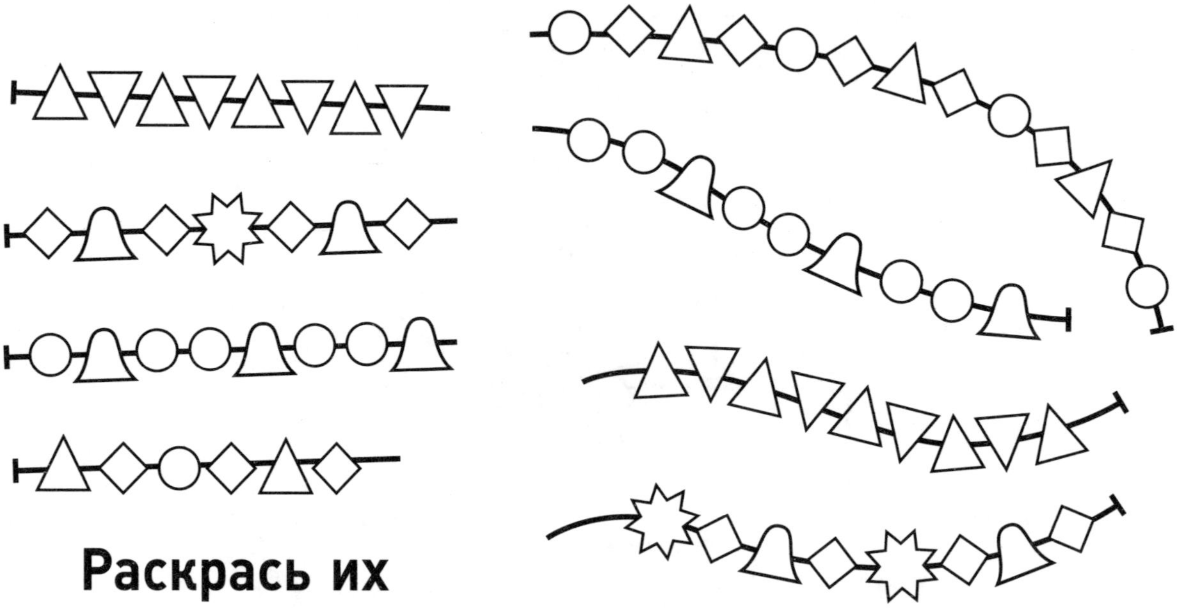

Раскрась их

На сколько частей разрезали торт?

Три феи – Нина, Дина и Инна – летят на бал. Помоги им одеться в наряды с одинаковыми узорами

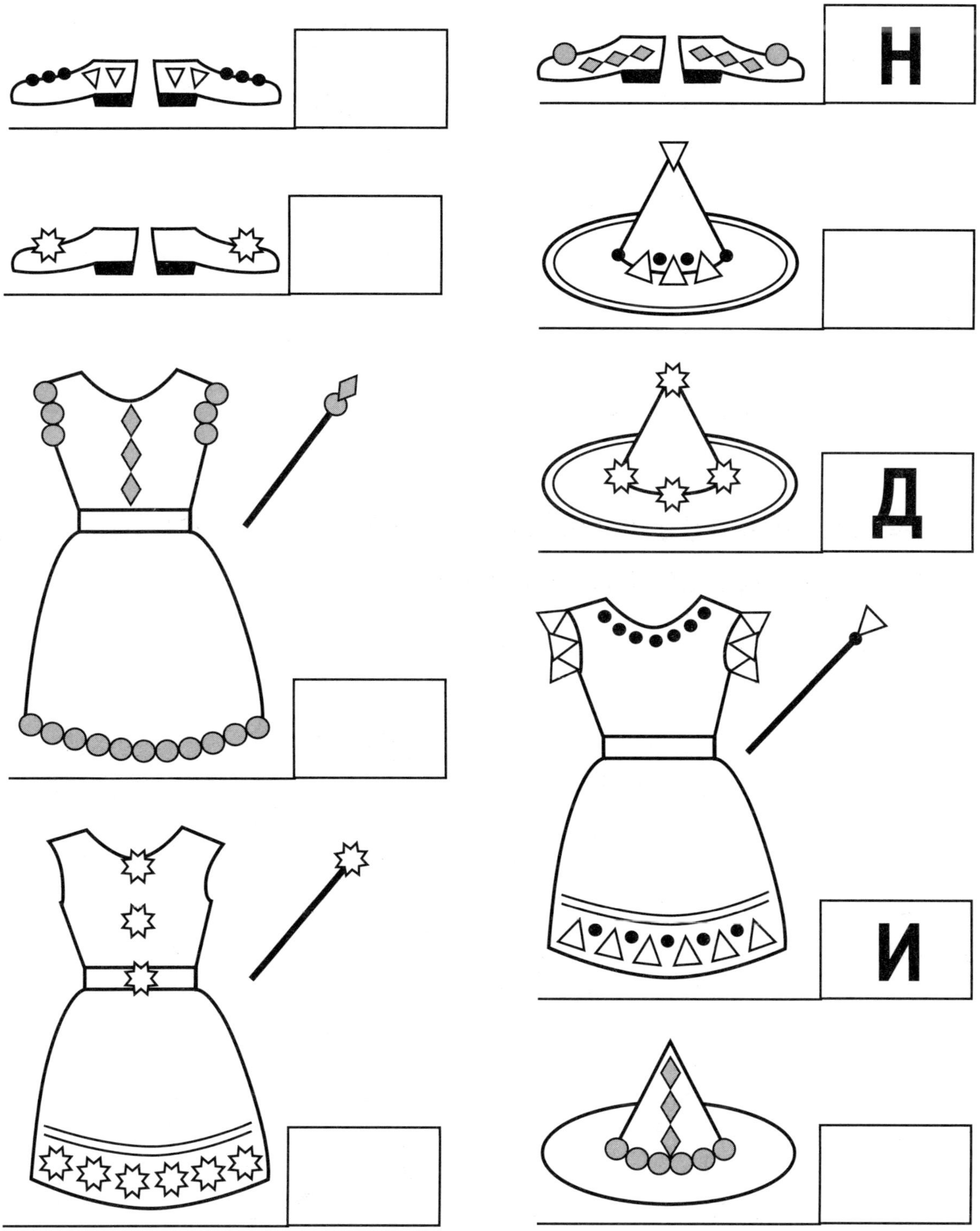

Соедини слова и картинки

ЁЛКА

САНКИ

СНЕЖИНКА

СНЕГОВИК

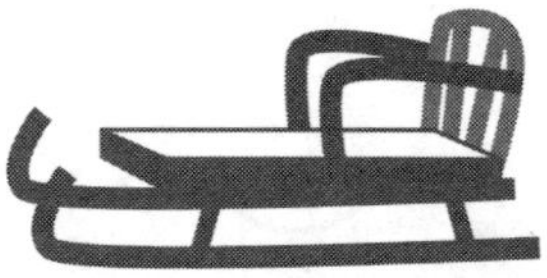

ШАРИК

В каких подарках одинаковые куклы? Раскрась их одинаково

Раскрась картинки по первой букве

К – красный,
С – синий,
Г – голубой
Ж – жёлтый

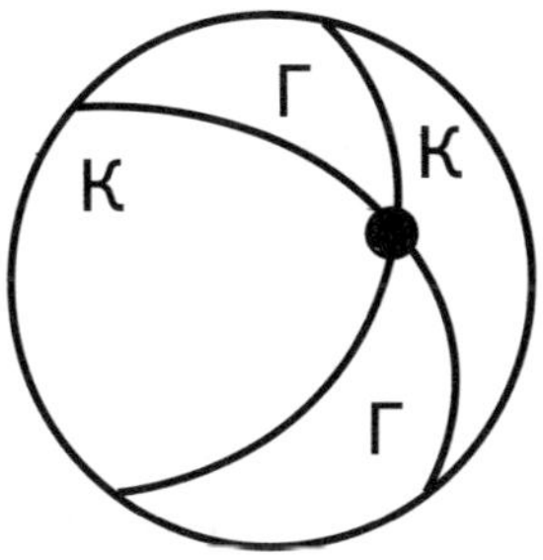

УДК 373.167.1:51
ББК 22.1 я 72
К 30

К 30 **Кац Е.М.**
Новогодняя раскраска. Логические задания для детей 4–6 лет. – М.: Изд-во МЦНМО, 2014. – 16 с.: ил. ISBN 978-5-4439-0116-9

УДК 373.167.1:51
ББК 22.1 я 72

5+

ISBN 978-5-4439-0116-9

Учебное издание

Кац Евгения Марковна

Новогодняя раскраска.
Логические задания для детей 4–6 лет.

Художники *Е.М. Кац, О.П. Лехтонен*, обложка – *О.П. Лехтонен*

Издательство МЦНМО. 119002, Москва, Большой Власьевский пер., 11.
Тел./факс (495) 745-80-31, (499) 241-72-85.
Отдел реализации: (499) 241-72-85. E-mail: biblio@mccme.ru

Подписано к печати 31.10.2013. Формат 84x108/16. Бумага офсетная.
Печать офсетная. Печ.л. 4. Тираж 3000 экз. Заказ № ВЗК-06000-13.

Отпечатано в ОАО «Первая Образцовая типография», филиал «Дом печати – ВЯТКА» в полном соответствии с качеством предоставленных материалов. 610033, г. Киров, ул. Московская, 122.
Факс: (8332) 53-53-80, 62-10-36. www.gipp.kirov.ru • e-mail: order@gippkirov.ru